Vente du Lundi 29 Décembre 1873.

SALLE N° 3.

JOLIE RÉUNION

OBJETS DE LA CHINE

ET DU JAPON

ÉMAUX CLOISONNÉS — BRONZES

CABINETS EN IVOIRE LAQUÉ

PORCELAINES — POTERIES — LAQUES

MEUBLES — DESSINS

ÉTOFFES ET FOURRURES

EXPOSITION PUBLIQUE : Le Dimanche 28 Décembre 1873

Me CHARLES PILLET,
Commissaire-Priseur,
10, rue de la Grange-Batelière.

M. CHARLES MANNHEIM,
Expert
7, rue Saint-Georges.

CATALOGUE

D'UNE JOLIE RÉUNION

D'OBJETS DE LA CHINE

ET DU JAPON

Émaux cloisonnés; Bronzes; Beaux Cabinets en ivoire laqué;
Porcelaines; Poteries de Satzuma;
Laques; Meubles du Tonkin; Dessins;

BELLES ROBES & ÉCRANS EN SOIE

Peaux de Lion, de Panthère et de Tigre;
Fourrures variées.

DONT LA VENTE AURA LIEU

HOTEL DROUOT, SALLE N° 3

Le Lundi 29 Décembre 1873

A DEUX HEURES.

Par le ministère de Me CHARLES PILLET, Commissaire-Priseur,
10, rue de la Grange-Batelière,

Assisté de M. CHARLES MANNHEIM, Expert, 7, rue Saint-Georges

Chez lesquels se distribue le présent Catalogue.

EXPOSITION PUBLIQUE : Le Dimanche 28 Décembre 1873

DE UNE HEURE A CINQ HEURES.

CONDITIONS DE LA VENTE

Elle sera faite au comptant.

Les adjudicataires payeront *cinq pour cent*, en sus des enchères.

L'exposition mettant le public à même de se rendre compte de l'état des objets, il ne sera admis aucune réclamation une fois l'adjudication prononcée.

Paris. — Typ. PILLET fils aîné, rue des Gr.-Augustins, 5.

DÉSIGNATION DES OBJETS

ÉMAUX CLOISONNÉS DE LA CHINE

1 — Deux grands et beaux vases en forme de balustre, à base et ouverture larges, décorés de fleurs arabesques sur fond bleu au pied et à la gorge, et de rochers et d'arbustes sur la panse. — Haut., 58 cent.

2 — Deux grands vases en forme de rouleau, décorés de fleurs et d'ornements sur fond bleu turquoise. — Haut., 55 cent.

3 — Deux vases en forme de balustre à pans décorés de fleurs et d'ornements émaillés en couleurs sur fond bleu turquoise. — Haut., 48 cent.

4 — Deux vases en forme de balustre à couvercle, décorés d'animaux, de fleurs et d'ornements sur fond bleu turquoise. — Haut., 39 cent.

5 — Deux vases en forme de balustre surbaissé à deux anses, en émail cloisonné à fond blanc et décorés de fleurs. — Haut., 33 cent.

6 — Deux vases de même forme et de décor analogue sur fond bleu turquoise. — Haut., 33 cent.

7 — Deux jardinières de forme ronde et profonde, décorées de fleurs et d'ornements sur fond bleu turquoise. — Diam., 26 cent.

8 — Deux petits vases en forme de rouleau décorés de plantes aquatiques et d'arabesques sur fond bleu. — Haut., 32 cent.

9 — Deux vases en forme de bouteille, décorés de fleurs et d'insectes sur fond bleu. — Haut., 36 cent.

10 — Deux vases de forme ovoïde à couvercle, décorés de fleurs et d'insectes en couleurs sur fond bleu turquoise. — Haut., 25 cent.

11 — Deux boîtes de forme lenticulaire, décorées de grues sacrées, de fleurs et d'ornements sur fond bleu turquoise. — Diam., 20 cent.

12 — Deux petits vases en forme de bouteille décorés de rosaces et d'ornements sur fond bleu. — Haut., 20 cent.

13 — Deux petites coupes couvertes décorées de compartiments renfermant des fleurs. Les anses sont formées de têtes chimériques en bronze doré. — Haut., 13 cent.

14 — Deux vases en forme de balustre à panse sphérique et goulot droit, décorés de fleurs et d'ornements sur fond bleu turquoise.

15 — Deux vases en forme de balustre décorés d'ornements et de fleurs sur fond bleu turquoise.

16 — Deux petits vases forme bouteille, en émail cloisonné de la Chine, décorés de fleurs sur fond bleu clair.

17 — Deux petits brûle-parfums formés chacun d'une perdrix debout, en émail cloisonné de la Chine.

18 — Flambeau chinois à large plateau en émail cloisonné de la Chine, décoré de fleurs et d'ornements sur fond bleu.

19 — Deux petites tasses avec soucoupes en émail peint de la Chine, décorées de paysages et d'animaux sur fond blanc.

20 — Vase en forme de balustre aplati à angles coupés en émail peint de la Chine, décoré de médaillons de paysages et à fond jaune à ornements variés.

21 — Vase en émail peint de la Chine décoré de fleurs sur fond bleu clair.

22 — Quatre bols en cuivre émaillé bleu à l'extérieur, et blanc à l'intérieur.

23 — Petit écran en bois de fer, orné de cinq petites plaques d'émail cloisonné de la Chine.

ÉMAUX CLOISONNÉS DU JAPON

24 — Deux grands vases à deux anses et à panse droite en émail cloisonné du Japon, décorés de dragons et d'ornements variés.

25 — Deux vases en forme de balustre, décorés de fleurs et d'ornements émaillés en couleurs.

26 — Deux grands vases de forme cylindrique et de décor analogue.

27 — Deux vases de même forme, décorés d'ornements et de fleurs.

28 — Grand plat rond à médaillon d'oiseau et à ornements variés.

29 — Vase de forme surbaissée à côtes et à couvercle décoré de figures et de dragons sur fond rosé.

30 — Deux boîtes rondes à couvercles décorées d'oiseaux et d'ornements émaillés en couleurs.

31 — Deux plateaux ronds à bords droits, décorés de fleurs et d'ornements.

32 — Quatre petits plateaux ronds décorés d'ornements.

33 — Petit plateau oblong décoré d'oiseaux sur fond bleu et à bord blanc.

34 — Coupe ovale décorée d'oiseaux.

35 — Deux boules chauffe-mains, en émail cloisonné.

36 — Quatre petits plateaux ronds décorés d'oiseaux sur fond blanc.

37 — Trois petites boîtes dont deux de forme ronde et une ovale.

BRONZES

38 — Vase en forme de balustre en bronze à cordes en relief et à deux anses.

39 — Belle cloche en bronze doré. Elle provient du palais impérial de Nankin. Beau travail ancien.

40 — Vase à anse mobile en bronze niellé d'argent.

41 — Plat rond et creux en bronze niellé d'argent.

42 — Brûle-parfums ou chaufferette en cuivre jaune à ornements en relief. Le couvercle est découpé à jour.

43 — Vase de forme surbaissée à deux anses dragons en bronze et à dragon gravé et argenté.

44 — Théière à bain-marie en bronze avec théière argentée.

45 — Joli petit vase de forme cylindrique à deux anses et offrant au pourtour des figures en relief.

46 — Grande et belle divinité debout sur une fleur de lotus.

47 — Petite pagode de forme carrée à ornements ciselés en relief.

48 — Fort lot d'appliques et ornements en cuivre finement gravé, provenant d'une garniture de barque de plaisance.

PORCELAINES

49 — Deux très-grands vases en forme de balustre à col plissé en porcelaine craquelée du Japon à décor en camaïeu bleu et figures et fleurs laquées.

50 — Grande jardinière ovale à deux anses et à quatre lobes en poterie de Satzuma, décorée de fleurs et d'oiseaux.

51 — Grand bol couvert avec plat en porcelaine du Japon décoré de fleurs et d'ornements en couleurs et or.

52 — Jolie bouteille en porcelaine du Japon à décor en camaïeu bleu et bouchon en argent.

53 — Grand vase carré en porcelaine de Chine fond vert d'eau et médaillons de personnages en camaïeu bleu.

54 — Deux vases en forme de balustre en porcelaine craquelée brun clair et bandes d'ornements en relief émaillés brun foncé.

55 — Petit écran en porcelaine de Chine décoré de fleurs et offrant un miroir au revers. La monture est en bois de fer.

56 — Deux grands vases en porcelaine moderne de la Chine décorés de figures.

57 — Cinq théières en terre de Boccaro.

58 — Chimère en terre cuite et dorée sur socle en bois sculpté.

POTERIES

59 — Deux grands vases en forme de balustre en poterie de Satzuma, gaufrés à l'imitation d'Orient, et décorés de fleurs et d'oiseaux en couleurs.

60 — Deux vases en forme de branches de bambou décorés de fleurs et d'oiseaux.

61 — Deux vases de même forme à oiseaux en relief.

62 — Deux vases en forme de balustre en poterie de Satzuma, à riche décor de coqs et de fleurs en or et couleurs.

63 — Deux vases de même forme décorés de fleurs.

64 — Deux vases en forme de balustre à deux anses, têtes chimériques et anneaux et décor d'arbustes émaillés vert et or.

65 — Deux brûle-parfums à panse sphérique, à trois pieds et à deux anses surélevées décorés de fleurs. Les couvercles sont surmontés de branches de fleurs.

66 — Grand réchaud à bain-marie en poterie de Satzuma, décoré de figures d'enfants, de fleurs et d'ornements.

67 — Plat en poterie de Kiotto, décoré de fleurs émaillées en couleurs sur fond gris.

MEUBLES — LAQUES ET OBJETS VARIÉS

68 — Très-joli petit cabinet renfermant quantité de tiroirs et de compartiments, reposant sur un double socle à tiroirs. Il est en laque aventuriné, à décors d'or, et il est enrichi de plaques d'ivoire et d'écaille laquées. Les garnitures sont en cuivre gravé et argenté.

69 — Petit cabinet de mêmes style et travail. Il offre à son centre deux jolies portes d'ivoire décorées d'oiseaux laqués en or.

70 — Autre joli cabinet de même travail. Le socle et le dessus du meuble sont enrichis de parties en laque rouge ciselé.

71 — Joli petit meuble forme boîte à cigares, et simulant une pagode, en bois, ivoire et écaille laqués, en or à oiseaux, arbustes et ornements. Socle surélevé garni d'une galerie laquée.

72 — Boîte analogue à celle qui précède; le socle est moins élevé.

73 — Jolie table à écrire en bois naturel laqué, à fleurs et oiseaux en relief.

74 — Beau meuble cabinet en bois dur incrusté de nacre, à fleurs et ornements. Beau travail du Tonkin.

75 — Meuble analogue à celui qui précède.

76 — Joli petit cabinet en bois de fer sculpté à ornements.

77 — Boîte carrée en bois incrusté de nacre et burgau. Travail du Tonkin.

78 — Petit écran en bois de fer enrichi de belles incrustations, à fleurs et oiseaux.

79 — Boîte à gâteaux en laque rouge et décorée en couleurs.

80 — Joli plateau trilobé en laque rouge ciselé, à dragons et ornements. Belle qualité.

81 — Petite divinité en bois sculpté, sur trône doré.

82 — Figure d'homme pêchant en bois sculpté.

83 — Pitong en ivoire sculpté, à figures en bas-relief.

84-86 — Douze petites boîtes rondes en laque rouge ciselé. Ce lot sera divisé.

87 — Boîte ronde en laque aventuriné, à décor d'or.

88 — Deux pièces en ivoire sculpté : boîte très-plate et boucle de ceinture.

89 — Deux pièces : étui en bois sculpté et corne sculptée, à figures et paysages.

90 — Boîte à écrire en laque rouge de Pékin ciselé, à fleurs et oiseaux.

91 — Boîte analogue à celle qui précède. Celle-ci offre un paysage sur le couvercle.

92 — Petite cantine de fumeur en laque noir, à décor d'or.

93 — Joli petit porte-allumettes en argent finement gravé et repercé à jour.

94 — Autre porte-allumettes à pans en fer damasquiné d'or.

95 — Petite boîte de forme ovale en fer, à ornements découpés et dorés.

96 — Grand parapluie à long manche, à décor d'or sur fond noir.

97 — Jeu de six petites tables avec supports en laque noir, à décor d'or.

98 — Petit écran en laque, incrusté de fleurs, d'oiseaux et de caractères exécutés en matières diverses.

99 — Ancienne peinture sur soie ; scène de buveurs.

100 — Paire de cornes de bœufs de Ceylan.

101 — Six panneaux en feuilles, décorés d'oiseaux et de fleurs sur fond d'or.

102 — Six panneaux analogues sur soie blanche.

103 — Deux autres panneaux plus grands que ceux qui précèdent.

104 — Rouleau peint sur soie, représentant l'impératrice accompagnée de quantité de personnages, dans un parc.

105 — Lot de bâtons d'encre de Chine dans un rouleau.

106 — Joli album à sujets variés finement peints sur papier, avec reliure européenne.

107-111 — Vingt-cinq rouleaux finement peints sur soie et sur papier, qui seront vendus séparément ou par lots.

ÉTOFFES & FOURRURES

112-118 — Sept belles robes en étoffe de soie de couleurs variées, richement brodées en couleurs et or, et autres enrichies de peintures. Elles seront vendues séparément.

119-133 — Quinze beaux morceaux d'étoffe de soie pour coussins et écrans, de couleurs variées et brodés en soies de couleurs et or. Ils seront vendus séparément.

134 — Nappe d'astrakan noir.

135 — Peau de bouc de Chine.

136 — Huit bandes de castor.

137 — Couverture édredon. — Long., 2 m. 10; larg., 1 m. 30.

138 — Touloupe formée de peaux d'agneau de la Mongolie.

139 — Trois peaux de loutre des mers du Japon.

140-142 — Trois grands tapis en poil de chameau, à dessins.

143 — Deux couvertures à dessins imprimés.

144 — Six mètres de velours brun de Chinkiang.

145 — Deux peaux de tigres de Newchwang pour tapis.

146 — Une peau de lion pour tapis.

147 — Panthère de Chine.

www.ingramcontent.com/pod-product-compliance
Lightning Source LLC
LaVergne TN
LVHW010313230826
846091LV00007B/3139
9782329523293